Inhalt

Interaktives Fernsehen - Fernsehen und Internet wachsen immer mehr zusammen

Kernthesen

Beitrag

Fallbeispiele

Weiterführende Literatur

Impressum

Interaktives Fernsehen - Fernsehen und Internet wachsen immer mehr zusammen

M.Westphal

Kernthesen

- Interaktives Fernsehen war eines der Trendthemen auf der Internationalen Funkausstellung 2005 in Berlin.
- Die Konvergenz von Fernsehen und Internet ermöglicht dem Kunden interaktives eingreifen in das Programmgeschehen, bzw. die "Programmierung" seines eigenen Programms.
- Aktuell werden im Rahmen des Schlagwortes "Interaktives Fernsehen"

verschiedene Funktionen und Lösungsansätze angeboten. Wohin der Weg gehen wird, wird sich in Zukunft zeigen.

Beitrag

Fernsehen und Internet wachsen zusammen und damit wird auch der Wunsch nach interaktivem Fernsehen endlich Wirklichkeit. Interaktives Fernsehen bedeutet für den Kunden zum einen einen interaktiven Zugriff in das Sendegeschehen, aber eben auch eine interaktive Beeinflussung dessen, was er wann sehen möchte.

Es gibt bereits hunderte von Internet-Sendern

Fernsehen und Internet wachsen zusammen. Inzwischen gibt es bereits hunderte von Internet-Sendern, die Spartenfernsehen für Heiratswillige, Musikschüler oder Steuerberater anbieten. Bald werden sie an jedem Fernsehgerät empfangbar sein, allerdings mauern die großen Sendeanstalten noch. (4)
Die Münchner Firma Artvoice ist Herr über mehr als 220 Sender unterschiedlichster Sparten. Diese sind bisher alle nur über Internet empfangbar. Das

patentgeschützte Übertragungssystem IP-TV für Fernsehbilder, welches auf dem Internet-Protokoll basiert lockt auch viele Firmen an, eigene Inhalte als "Corporate TV" mit der Hilfe von Artvoice über das Internet zu verteilen. (4)

Die großen Technikkonzerne und Internetunternehmen versuchen, den Markt für interaktives Video On Demand-TV zu erobern

Zwar befindet sich die Konvergenz aus Internet und Fernsehen noch in einem frühen Stadium. Aber auch die großen Suchmaschinen wie Yahoo und Google bieten bereits die Filmsuche per Internet an. (4) Ebenso die großen Technikkonzerne arbeiten an der Neuerfindung des Fernsehens. So kooperiert Microsoft mit der Schweizer Swisscom an Bluewin TV. Dieser Video on Demand-Service erlaubt das Herunterladen von Kinofilmen auf den Rechner. (4) Apple dürfte laut Brancheninsidern in den Startlöchern stehen, diesen Markt ebenso für sich zu erschließen. So ist es schon heute möglich, mit der iTunes-Software Videoclips auf die Rechner herunterzuladen. Noch sind aber die Ladezeiten lang und die Filme kurz. (4)

Am weitesten ist derzeit der Telekom-Ableger "T-Online-Vision". Mit seinem Download-Angebot von rund 500 Filmen, die per Internet herunter geladen werden können erzielen sie angeblich 70 000 Downloads per Monat. Mittels eines so genannten Media-Receivers können diese Filme sogar im Fernsehen angeschaut werden. Allerdings ist aufgrund der bestehenden Bandbreiten die Komprimierung der Filme hoch, sodass die Qualität nur unzureichend ist. Außerdem sind die Filme nicht sonderlich aktuell und nur von Telekom-Kunden nutzbar. Bei Arcor sieht es mit der 1 300 Titel umfassenden Datenbank nicht anders aus. (4)

Die Entwicklung wird aber weniger von der noch unzureichenden Technik eingebremst, sondern von der Angst der Filmstudios und Fernsehsender, die diese Vorstöße der Internet-Branche argwöhnisch beobachten. (4)
Ausnahme hiervon ist die britische BBC. Mit ihrem Angebot iMP wird es ermöglicht, alle Sendungen der vergangenen Woche am Rechner anzusehen. Dabei werden die gesamten Sendeinhalte per Internet herunter geladen. (4)

Die Handelsunternehmen wittern

in der Etablierung interaktiver Shopping-Kanäle ihre Chance für neue Absatzmärkte

Das Frankfurter zum KarstadtQuelle-Konzern gehörende Unternehmen Neckermann zeigte auf der Internationalen Funkausstellung in Berlin eine technische Lösung, mit der Sendekanäle an die Shoppingplattform Neckermann.de angebunden werden können.
Notwendig hierzu ist eine rückkanalfähige Settop-Box, die mit einem Standard-Webbrowser ausgestattet ist und einen Breitbandanschluss nutzt. Es wurde nicht ein "So-könnte-es-aussehen"-Pilot, sondern ein fertiges Produktivsystem gezeigt. Hierbei setzt Neckermann auf TV über das Internet, allerdings ist auch eine MHP-basierte (Multimedia Home Platform) Lösung denkbar. (1)
Versender wie Neckermann und Otto wollen sich nicht allein auf die MHP-Technologie verlassen. Die vorgestellte webbasierte Lösung ist mit jeder Settop-Box und allen rückkanalfähigen Systemen kompatibel. (1)
Der Roll-out des neuen interaktiven Shopping-TV ist innerhalb der kommenden zwölf Monate geplant. Denkbar ist in diesem Zusammenhang auch Live-TV. Die Bestellung wird über die Fernbedienung durchgeführt. (1)

MHP, das Schlagwort der IFA 2001 und was daraus geworden ist

MHP war noch vor vier Jahren das Schlagwort, welches in Verbindung mit der Diskussion um die Entwicklung des digitalen Fernsehens genannt wurde. Viele Geräte-, Netz- und Contentanbieter hatten sich zur Entwicklung eines offenen Standards entschlossen, um so das Fernsehen zu einer Multimedia-Plattform auszubauen. Allerdings ist bisher kaum Zählbares aus dieser Initiative entstanden. (1)
Im Juni 2005 nun hat der Bundesverband Informationswirtschaft, Telekommunikation und neue Medien (Bitkom) die Initiative "ClickTV" gegründet. In dieser sollen Inhalteanbieter, Netzbetreiber und Endgerätehersteller zusammenarbeiten.

Verschiedene Angebote mit interaktiven Devices werden auf den Markt gebracht

Der Schweizer Anbieter Swisscom Fixnet geht mit der

interaktiven Fernbedienung "Betty" an den Start. Anfang 2006 soll dieses Medium als eigenständige Marke etabliert werden. Swisscom Fixnet hat mit Unterstützung der TV-Sender mit dem Aufbau der Organisation inklusive Redaktion begonnen. Die Distribution der Betty-Endgeräte wird bereits geplant. (2)
Bei Betty handelt es sich um ein interaktives Medium, welches aus einer Fernbedienung besteht, die über Funkschnittstelle synchron mit dem laufenden TV-Programm verbunden ist. Die Nutzer können per Tastendruck Mehrwertdienste wie Gewinn- oder Quizspiele, Abstimmungen oder Teleshopping durchführen sowie Informationen abrufen. Genutzt wird hierbei ein drahtloser Rückkanal zur Telefonbuchse. (2)

Anfang 2006 soll ein Gerät auf den Markt kommen, welches auf Basis von digitalem Fernsehen (DVB) und breitbandigem Internet und entsprechenden Services wie digitalen Videorecordern (PVR) oder Video-on-Demand (VOD) internetbasiertes Fernsehen ermöglicht. Der Anbieter Max TV Broadcasting möchte mit seinem Angebot "Max Aktiv by More TV" spezielle Personal Videorecorder Systeme anbieten, die Anfang 2006 auf den Markt kommen. Ein Baustein des Angebotes besteht im Television Organizer (TEO) der Bauer Verlagsgruppe. Dieses ermöglicht dem Kunden ein redaktionell geführtes TV-Programm welches auch im Internet oder von unterwegs programmiert werden kann. (3)

Fallbeispiele

Die ASTRA Platform Services GmbH zeigte mit Blucom interactive auf der Internationalen Funkausstellung in Berlin eine Lösung, bei der interaktives Fernsehen mit dem Handy als Rückkanal möglich ist. TV-Programmanbieter können mit der Blucom Settop-Box hunderte von Seiten auf Handys übertragen. Notwendig hierzu ist ein Bluetooth-fähiges Handy. Die Inhalte sind zunächst kostenfrei, erst wenn der Kunde im Rahmen eines Gewinnspiels aktiv wird, oder sich Informationen zu Wetter, Sportergebnissen oder Lottozahlen herunterlädt, werden die normalen Mobilfunkgebühren berechnet. Zunächst kooperiert Blucom als hundertprozentige Tochter von SES Astra mit dem Mobilfunkunternehmen O2. Programmanbieter wie Premiere, ProSiebenSat.1, RTL oder Beate Uhse TV liefern die Inhalte.
Die entsprechenden Settop-Boxen sind ab Ende des Jahres zunächst von Samsung, später aber auch von Humax oder TechniSat verfügbar. Der Preis wird sich

in der Größenordnung eines herkömmlichen Receivers bewegen.

Das Versandunternehmen Neckermann hat auf der IFA eine internetbasierte Lösung zum Shopping via Fernsehen gezeigt. Hierbei können 10 000 Artikel live über das Fernsehen bei Neckermann.de bestellt werden. Die Bestellung aus dem Fernsehsessel soll zu einem regulären Angebot werden, offen ist allerdings noch, ob dieses Angebot in Kooperation mit einem Sender oder über einen eigenen Fernsehkanal stattfinden soll. (1)

Auch der deutsche Elektronikkonzern Siemens bietet eine Komplettlösung an, die interaktives, digitales Fernsehen über das Internet-Protokoll (IP) anbietet. Hierzu werden vom Nutzer ein breitbandiger DSL-Anschluss, ein gängiges TV-Gerät und eine Settop-Box benötigt.
Der Netzbetreiber erhält im Rahmen dieser Lösung von Siemens von der Servicetechnik über die Benutzersoftware, die Datencodierung und die Geräte zum Empfang von Satellitendaten wie auch die Settop-Box alles aus einer Hand.
Der Kunde kann über den Fernseher im Internet surfen, per Video on Demand seine Lieblingsfilme herunter laden, E-Mails schreiben und chatten und sogar das Feature Videotelefonie nutzen.
Erster Kunde von Siemens ist der belgische

Netzbetreiber Belgacom. Zunächst gibt es 1 000 belgische Haushalte, die diesen Service nutzen. Um die Attraktivität zu erhöhen, hat Belgacom die Exklusivrechte an der Übertragung der Spiele der belgischen und italienischen Fußball-Ligen erworben. Die Aufzeichnung der Spiele erfolgt über die Settop-Box digital, sodass die Spiele vom Fan auch zeitversetzt gesehen werden können.
Derzeit arbeitet Siemens an einer weiteren Minimierung der benötigten Bandbreiten mittels neuartiger Mpeg4-Komprimierung der Videodaten. Bis Ende 2005 soll schon mit 1,8 Megabit pro Sekunde empfangen werden können, was aktuell etwa dem mittleren DSL-Standard entspricht. (5)

Weiterführende Literatur

(1) Neckermann im TV
aus Lebensmittel Zeitung 35 vom 02.09.2005 Seite 025

(2) Interaktive Fernbedienung 'Betty' startet in der Schweiz
aus <e>MARKET Webmagazin vom 31.08.2005

(3) More TV bietet interaktive TV-Services
aus horizont.net vom 30.08.2005

(4) Netz und Glotze heiraten
aus Der Spiegel, 29.08.2005, Nr. 35, Seite 172

(5) Interaktives Fernsehen via Internet
aus www.cybiz.de vom 08.08.2005

Impressum

Interaktives Fernsehen - Fernsehen und Internet wachsen immer mehr zusammen

Bibliografische Information der deutschen Nationalbibliothek

Die Deutsche Nationalbibliothek verzeichnet diese Publikation in der deutschen Nationalbibliografie; detaillierte bibliografische Daten sind im Internet über http://dnb.d-nb.de abrufbar.

ISBN: 978-3-7379-0309-7

© 2015 GBI-Genios Deutsche Wirtschaftsdatenbank GmbH, Freischützstraße 96, 81927 München, www.genios.de

Alle Rechte vorbehalten. Dieses Werk ist einschließlich aller seiner Teile – z.B. Texte, Tabellen und Grafiken - urheberrechtlich geschützt. Jede Verwertung außerhalb der Grenzen des Urheberrechtsgesetzes bedarf der vorherigen Zustimmung des Verlags. Dies gilt insbesondere auch für auszugsweise Nachdrucke, fotomechanische

Vervielfältigungen (Fotokopie/Mikroskopie), Übersetzungen, Auswertungen durch Datenbanken oder ähnliche Einrichtungen und die Einspeicherung und Verarbeitung in elektronischen Systemen.